Steve Blackah

Bienvenue à l'Eglise

Steve Blackah

Bienvenue à l'Eglise

L'Eglise de Jésus Christ va régner et posséder la terre. Découvrez ici votre rôle dans le plan de Dieu pour ce monde

Éditions Croix du Salut

Impressum / Mentions légales
Bibliografische Information der Deutschen Nationalbibliothek: Die Deutsche Nationalbibliothek verzeichnet diese Publikation in der Deutschen Nationalbibliografie; detaillierte bibliografische Daten sind im Internet über http://dnb.d-nb.de abrufbar.
Alle in diesem Buch genannten Marken und Produktnamen unterliegen warenzeichen-, marken- oder patentrechtlichem Schutz bzw. sind Warenzeichen oder eingetragene Warenzeichen der jeweiligen Inhaber. Die Wiedergabe von Marken, Produktnamen, Gebrauchsnamen, Handelsnamen, Warenbezeichnungen u.s.w. in diesem Werk berechtigt auch ohne besondere Kennzeichnung nicht zu der Annahme, dass solche Namen im Sinne der Warenzeichen- und Markenschutzgesetzgebung als frei zu betrachten wären und daher von jedermann benutzt werden dürften.

Information bibliographique publiée par la Deutsche Nationalbibliothek: La Deutsche Nationalbibliothek inscrit cette publication à la Deutsche Nationalbibliografie; des données bibliographiques détaillées sont disponibles sur internet à l'adresse http://dnb.d-nb.de.
Toutes marques et noms de produits mentionnés dans ce livre demeurent sous la protection des marques, des marques déposées et des brevets, et sont des marques ou des marques déposées de leurs détenteurs respectifs. L'utilisation des marques, noms de produits, noms communs, noms commerciaux, descriptions de produits, etc, même sans qu'ils soient mentionnés de façon particulière dans ce livre ne signifie en aucune façon que ces noms peuvent être utilisés sans restriction à l'égard de la législation pour la protection des marques et des marques déposées et pourraient donc être utilisés par quiconque.

Coverbild / Photo de couverture: www.ingimage.com

Verlag / Editeur:
Éditions Croix du Salut
ist ein Imprint der / est une marque déposée de
AV Akademikerverlag GmbH & Co. KG
Heinrich-Böcking-Str. 6-8, 66121 Saarbrücken, Deutschland / Allemagne
Email: info@editions-croix.com

Herstellung: siehe letzte Seite /
Impression: voir la dernière page
ISBN: 978-3-8416-9823-0

Copyright / Droit d'auteur © 2012 AV Akademikerverlag GmbH & Co. KG
Alle Rechte vorbehalten. / Tous droits réservés. Saarbrücken 2012

Table des Matières

Notre identité : nous sommes un sacerdoce royal 3

Participants à la nature divine 8

L'amitié avec Dieu 13

La puissance de la couverture spirituelle 18

Les signes et les prodiges sont pour TOUS 23
ceux qui croient! 23

La vision de Dieu pour l'Eglise et ce monde ! 30

Servir Dieu 35

Se baigner dans Sa présence…nous transforme ! 38

Le Royaume de Dieu avance ! 42

Notre identité : nous sommes un sacerdoce royal

Lisons d'abord les deux passages qui présentent notre thème : Exode 19:5-6 ; 1Pierre 2:9-10. En Exode, Dieu propose Sa première alliance avec Israël et déclare « *vous m'appartiendrez* ». En fait, le hébreu dit 'vous serez pour moi un trésor précieux (ou un trésor royal)' et nous voyons toute de suite le principe selon lequel les hommes parlent de trésors matériaux, et Dieu de l'être humain (comme étant Son trésor).

Méditons ceci : nous sommes le trésor de Dieu, et chaque personne que nous rencontrons peut le devenir aussi. Ensuite, Dieu affirme *« toute la terre est à Moi »*. En se basant sur cette vérité, Il annonce que Son peuple sera *un royaume de sacrificateurs* ou autrement dit, *un sacerdoce qui règne.* Ils allaient régner parce qu'ils pouvaient écouter la voix de Dieu, garder Son alliance et vivre comme un peuple mis à part pour Dieu, une nation sainte. Pour reprendre la Genèse, ils seraient bénis afin de multiplier, de remplir la terre avec la connaissance de l'Eternel et de régner avec Lui (Gen.1 :28).

Pierre fait référence à ces mêmes versets dans sa deuxième épître, mais va plus loin dans sa pensée. En parlant de l'Eglise, composée de tous les chrétiens nés de nouveau, il prend le même point de départ : nous sommes donc « *une race élue…un peuple acquis.* ». Autrement dit, nous sommes le trésor que Dieu a choisi pour Lui-même. Mais nous ne sommes plus un royaume de sacrificateurs, nous devenons « *un sacerdoce royal* ». Cela parle d'une nouvelle nature, d'une nouvelle identité ! **Cela veut dire que, par la nouvelle naissance de l'Esprit, chaque chrétien est né dans la famille royale de Dieu, et chacun est appelé à exercer le rôle de prêtre.** Considérons ce que cela signifie d'être né dans une famille royale. D'abord, ce n'est pas par mérite ! Par la naissance, nous devenons prince ou princesse et notre destinée est le trône. Nous découvrons que nous avons autorité, domination et que le règne nous appartient. Non pas sur le Roi lui-même, bien entendu, puisque tout vient de Lui, y compris notre nouvelle naissance, mais sur 'les sujets du royaume'…et la terre entière appartient au Roi.

Est-ce que l'Eglise est à l'aise avec cette notion de royauté ? Est-ce que nous sommes convaincus de notre autorité sur les principautés, sur les démons et les maladies ? Est-ce que la Bible dit clairement que nous sommes rois et prêtres ? Oui, en Apocalypse 1 : 6 (et aussi 5 :10). Il faut comprendre la différence entre deux mots grecs : '*basileus*' est toujours traduit par '*roi(s)*' dans les Evangiles, et '*basileia*' est traduit par royaume. Considérez ces autres traductions : Il a fait de nous….'*une royauté de prêtres*' ; '*Rois et Sacrificateurs à Dieu son Père*'
(2 versions) ; '*un peuple de rois et nous a institués prêtres*', '*un peuple de rois et des prêtres au service de Dieu*'. **Autrement dit, Dieu a fait de nous des '*basileus*', des rois !**

Nous sommes donc un peuple royal, saint et précieux. Cette identité nous permet de valoriser les autres selon la valeur que Dieu a mise sur nos vies. Cela nous conduit vers une 'culture d'honneur' par laquelle nous considérons les autres comme royauté parce que nous le sommes également.

Pour terminer, certaines questions essentielles se posent : quel est le modèle biblique d'un roi dans le Nouveau Testament? Que devons nous faire de notre autorité et du pouvoir mis à notre disposition?

Il va sans dire que Jésus est notre modèle en toutes choses, et je vous invite donc à étudier 3 passages afin d'établir comment nous devons agir en tant que fils du Roi :

Jean 18 : 37. Que devons-nous faire pour suivre le modèle de Jésus ?
_____
_____
_____
_____

Luc 22 : 25-30. Quelle attitude convient aux rois?
_____
_____
_____
_____

Quelle sera le résultat de notre persévérance ?
_____
_____
_____
_____

Y-a-t'il vraiment des trônes pour nous à l'avenir (citez des versets !!!)?
_____
_____
_____
_____
_____

Jean 13 : 3-5 Qu'est-ce qui nous donne la force nécessaire pour servir?
_____
_____
_____
_____

Participants à la nature divine

Nous avons considéré la révélation de notre identité comme sacerdoce royal. Nous sommes réellement rois et prêtres à l'image du roi David qui louait Dieu de toute sa force, revêtu de l'éphod du prêtre, qui intercédait pour son peuple et qui a béni toute la multitude d'Israël.
Prophétiquement, il les a nourris avec la viande de la Parole, puis le pain et les raisins de la Sainte Cène, de la Présence de Dieu.

Cette identité de sacerdoce royal se trouve en 1 Pierre 2, verset 9. D'abord, Pierre nous appelle une '*race élue*'. Le mot grec, '*genos*', signifie 'race', mais aussi « l'ensemble des individus d'une même nature, une famille ». Nous, les chrétiens, nous avons la même nature que nous avons reçue de la part de Dieu. L'ADN d'une famille peut prouver la parenté; l'Autre Divine Naissance (ADN2 !!) prouve qui est notre Père et qui sont nos frères et sœurs ! Comme famille nombreuse il n'y a pas plus grande ! Nous avons été '*élus*' (*eklektos*) pour être membre de cette famille, et le mot implique à la fois 'élu pour recevoir des privilèges, mais aussi pour faire une tâche particulière'. Il y a énormément de privilèges et de bénédictions pour les enfants de la famille de Dieu, mais la maison est tellement grande qu'il y a des tâches pour chacun…qui nous conviennent à merveille !

Ayant été choisi selon le dessein de Dieu, nous découvrons notre autorité royale et notre appel pour intercéder avec sacrifices de louanges. Puis nous voyons ce qui fait la force de ce peuple : nous sommes *une nation sainte* (hagios). Hagios signifie « pur, consacré, séparé, semblable à Dieu, participant à la nature divine. » Nous devons saisir cette vérité comme nous avons saisi notre identité de sacerdoce royal : **nous sommes <u>déjà</u> une nation sainte ! Nous avons hérité la nature divine, et nous grandissons dans le fruit de l'Esprit à force de demeurer dans la présence de Dieu.** Cette vérité nous permet d'accueillir la sainteté qui est déjà en nous, en nous soumettant à Sa volonté avec joie.

Il n'y a aucune condamnation pour nous qui sommes en Christ... mais il y a un monde à gagner et nous sommes appelés à annoncer « *les vertus de Celui qui vous a appelés des ténèbres à Son admirable lumière* ». Les vertus (*arete*) de Jésus sont :

- toutes ses qualités dignes d'acclamations
- Son excellence morale et Sa bonté
- les manifestations de la puissance divine en Lui

Ainsi, une partie de notre annonce de Jésus sera la manifestation de Sa puissance, mais la première pensée sera d'annoncer Sa personne, Sa sainteté. Nous avons quitté les ténèbres spirituelles, morales et intellectuelles provenant de l'erreur, l'ignorance et la désobéissance. Je cite un commentaire : « Toute autorité véridique émane d'un cœur pur et d'un cœur d'adorateur. Israël allait en guerre avec des chants de louange, s'appuyant entièrement sur Dieu. Nous devons faire pareil ». L'appel de Dieu sur Israël était de devenir une nation sainte en suivant des règles extérieures. Aujourd'hui, Dieu a choisi une toute autre nation sainte, qui existe parmi les nations, qui est puissante par une sainteté **intérieure**, l'œuvre du Saint Esprit.

Pour terminer, citons 2 Pierre 1 :4 – « *celles-ci nous assurent de Sa part les plus grandes et les plus précieuses promesses, afin que par elles vous deveniez participants de la nature divine* ». **La clé pour participer à la nature divine, pour devenir comme Jésus, est de connaître les promesses de Dieu et de laisser agir la puissance de ces paroles en nous.** Quelles sont ces promesses ?

Écrivez ici les promesses que vous connaissez qui ont la puissance de nous transformer à l'image de Jésus :

I. _____
_____
_____
_____

II. _____
_____
_____
_____

III. _____
_____
_____
_____

IV._____
_____
_____
_____

V._____
_____
_____
_____

VI._____
_____
_____
_____

L'amitié avec Dieu

Amos 3:3 nous pose cette question : « *Deux hommes peuvent-ils marcher ensemble s'ils ne sont pas d'accord ?* ». Le point de départ pour vivre une amitié remarquable avec Dieu est de vouloir marcher avec Lui tous les jours et de vouloir mettre nos actes et nos paroles en accord avec Sa volonté. « *Hénoc marcha avec Dieu; puis il ne fut plus, parce que Dieu le prit* » (Gen.5 :24). Leur amitié était si profonde que Dieu a exaucé le désir le plus profond de son cœur – maintenant ils passent l'éternité ensemble ! C'était la même chose lorsque Dieu est venu sur terre en la personne de Jésus Christ : Jésus cherchait l'amitié avec les hommes à tel point que ses ennemis l'accusaient d'être 'l'ami des pécheurs'. Juste avant sa mort, Jésus a parlé d'amitié avec Ses disciples en Jean 15 : 14/15 : « *Vous êtes mes amis, si vous faites ce que je vous commande. Je ne vous appelle plus serviteurs, parce que le serviteur ne sait pas ce que fait son maître ; mais je vous ai appelés amis, parce que je vous ai fait connaître tout ce que j'ai appris de mon Père.* »

Nous y voyons deux principes pour notre amitié avec Dieu :

    VII.   Nous devons obéir à ce qu'Il nous dit. Dieu est en marche, et Il offre l'amitié à ceux qui empruntent Son chemin, et non pas le leur.

VIII. Dieu veut nous révéler Ses pensées, Ses 'secrets', Il veut se dévoiler progressivement à ceux qui chérissent la pensée de Dieu comme faisait David (Ps 139 :17)

Maintenant une autre question se pose : quelle relation est-ce que Dieu cherche avec nous ? Nous trouverons quelques réponses en Osée 2:18 à 3:5.

Voici cette merveilleuse réalité : Dieu cherche la même amitié qu'on peut trouver dans le mariage ; une intimité spirituelle établie par alliance et vécue dans l'unité. Sauf que Lui sera le mari idéal !!

1 Corinthiens 6 :17 nous dit : « *Celui qui s'attache au Seigneur est avec Lui un seul esprit.* » Remarquable ! Dieu nous voit comme déjà unis avec Lui par l'Esprit, et Il veut nous entendre dire comme Jésus « Moi et le Père, nous sommes un ! » **Quand nous comprenons que nous sommes un avec Lui, nous comprenons qu'Il veut tout partager avec nous** ! Notre relation avec Dieu devient la découverte de la plus belle amitié possible.

Avec les 'Baals', les faux-dieux de l'époque, on demandait une obéissance stricte, Baal étant un maître exigeant. Ce n'est pas le cas avec notre Dieu, qui propose une amitié qui ressemble aux fiançailles (« *Je serai ton fiancé pour toujours* »). Son alliance d'amitié avec nous est basée sur la justice puisqu'Il pardonne toutes nos iniquités, la droiture, parce que nous voulons vivre Sa sainteté et la grâce qui fait que le Créateur veut se révéler à Sa création ! Au verset 22, Il promet d'être à jamais fidèle envers nous, et dans cette relation nous allons grandir dans notre compréhension de qui Il est.

Dans cette amitié nous découvrirons des prières exaucées, les cieux exauceront la terre qui produira son abondance de blé, de vin et d'huile. Ces choses nous rappellent la Sainte Cène et la présence du St Esprit en nous. Nous voyons donc un Dieu qui a voulu s'unir avec nous en esprit, qui a voulu que le pain et le vin de Sa présence pénètre dans notre être intérieur et qui veut vivre une unité étonnante avec nous où **nos pensées s'accordent, nos œuvres sont Ses œuvres et nos cœurs s'unissent dans un partage profond et joyeux.**

En fait, nous devenons un peuple qui vit déjà la réalité à venir. Nous savons qu'au retour de Jésus il y aura les noces de l'agneau, mais parfois nous nous voyons plus comme des invités au lieu de nous voir comme l'épouse : **Jésus revient pour nous** ! Un jour nous serons complètement unis à Lui dans une relation d'amour et d'amitié remarquable. Puisque cela est notre destinée, la Bible nous invite à commencer à vivre cette amitié dès MAINTENANT. « *Après cela les fils de Dieu reviendront ; ils chercheront l'Eternel leur Dieu et (Jésus) leur roi ; et ils tressailliront à la vue de l'Eternel et de sa bonté, dans la suite des temps.* »

Qu'est-ce que nous découvrons sur l'amitié avec Jésus notre roi dans les versets suivants ?

Proverbes 22 :11

_____
_____
_____
_____

Psaume 25 :14

_____
_____
_____
_____

Jean 3 : 29/30

_____
_____
_____
_____

La puissance de la couverture spirituelle

Genèse 2 : 15-16. Nous avons parlé de l'amitié que Dieu nous propose à chacun, de ce désir ardent qu'Il a d'être avec nous, de se faire connaître, de nous révéler Sa gloire comme Il l'a fait pour Moïse.

Dans Son amour, Dieu a placé Adam dans un jardin magnifique et lui a donné deux objectifs le concernant, suivi par un commandement. Son premier objectif était de le cultiver, autrement dit de le faire fleurir pour que le jardin répande son parfum, son fruit et que le jardin soit toujours prêt à accueillir la présence de Dieu. Parce que le jardin avait le potentiel de devenir un lieu de rencontre entre l'homme et son Dieu, un lieu où la présence de Dieu demeure (Gen.3 :8).

Afin que cela se réalise, l'homme avait un deuxième objectif : veiller sur le jardin, le garder de tout adversaire. Le mot hébraïque est *shamar*, qui signifie « entourer avec une haie, garder, protéger, préserver, surveiller, en prendre soin ». Peut-être Adam s'est-il dit qu'il ne voyait pas l'intérêt puisqu'il ne voyait pas d'ennemis. Ce qui est certain, c'est que, quand il fallait une haie de protection contre les tentations de l'ennemi, la haie n'était pas en place. Puis, l'homme avait reçu cet ordre lui permettant de manger de tous les arbres, y compris de l'arbre de vie, **à l'exception** de l'arbre qui allait le conduire vers l'orgueil, indépendance et la séparation de son Dieu.

Considérons le sens spirituel de ces choses par rapport à l'Eglise. Dieu met des responsables en place qui ont reçu les mêmes objectifs et le même ordre. Nous sommes appelés à travailler avec vous le terrain de vos vies afin que vous portiez beaucoup de fruits, que le parfum de Christ se dégage de vous et que le 'jardin' de vos vies devienne un lieu de rencontre entre vous et votre Créateur ! Afin d'accomplir cela, les responsables doivent veiller ou 'garder' comme l'exhorte l'apôtre Pierre : « *Paissez le troupeau de Dieu qui est sous votre garde, non par contrainte mais volontairement...avec dévouement ; non comme dominant sur ceux qui vous sont échus en partage (qui ont été confiés à vos soins), mais en étant les modèles du troupeau.* » (1 Pierre 5 : 2+3). Notre responsabilité est de vous protéger de l'adversaire par nos prières, nos conseils, par une déclaration de la vérité et cela toujours dans le but de vous diriger vers l'arbre de vie ! Votre responsabilité est de grandir dans votre compréhension de ces choses, et de ne pas passer la journée en train de regarder le fruit de l'arbre de la connaissance du bien et du mal. Eloignez-vous de là !

Ceci dit, les responsables d'église n'ont pas la seule responsabilité de vos vies. Bien sûr vous-mêmes, vous êtes redevables devant Dieu, mais il y a aussi le principe d'une 'couverture spirituelle' entre frères. Lisons Genèse 4 : 6-9. Nous avons des choses à gérer entre nous et envers nos frères et sœurs. C'est facile d'être irrité ou de céder au découragement, mais nous avons tous la possibilité de bien agir malgré ces émotions. Autrement dit, par l'Esprit, nous pouvons dominer sur le péché qui veut détruire la communion fraternelle. Tout ce qui peut détruire l'unité entre les frères provient de ce même esprit qu'avait Caïn quand il a tué son frère. Suis-je le gardien de mon frère ? OUI, dit le Nouveau Testament : « *Prends garde à toi-même, de peur que tu ne sois aussi tenté. Portez les fardeaux les uns des autres et vous accomplirez ainsi la loi de Christ.* » (Galates 6 : 2+3).

Si vous voulez une couverture spirituelle efficace pour votre vie, approfondissez votre communion fraternelle, priez pour vous-mêmes et les autres, adorez et soumettez-vous à l'autorité divine : Hébreux 13 : 17. Ainsi y aura-t-il une 'haie' puissante autour de vous que l'ennemi ne saura pas pénétrer !

Questions :

IX. Souvent les chrétiens vont voir leur pasteur 'par politesse' pour lui présenter un fait accompli, une décision déjà prise qui aura d'importantes conséquences pour leur vie. Quelle est votre pensée par rapport à cette façon d'agir ?

_____

_____

_____

X. Le pasteur peut se tromper. Que devons-nous faire si nous ne sommes pas d'accord avec son conseil ?

_____

_____

_____

XI. Quels principes voyez-vous en 2 Corinthiens 10 : 7+8 ?

_____
_____
_____
_____
_____

Les signes et les prodiges sont pour TOUS ceux qui croient!

Lisons Luc 10: 1-11. Dans le chapitre précédent, Jésus avait envoyé les douze *"prêcher le royaume de Dieu et guérir les malades"*. On pourrait donc conclure, comme le font certains, que ce transfert de force et pouvoir sur tous les démons, avec la puissance de guérir les maladies, était réservé à quelques 'élus'.

Mais voici qu'au chapitre 10, Jésus désigne encore soixante-dix autres disciples qui vont témoigner avec exactement la même puissance que les douze ! Ceci est un message fort de la part du Seigneur à plusieurs niveaux :

1. Il est clair que Lui qui avait reçu 'tout pouvoir dans le ciel et sur la terre' (Matt.28:18) voulait librement partager ce pouvoir avec Ses disciples. Il ne suffit plus de croire que Jésus a toute autorité sur tous les démons et toutes les maladies ; il faut croire qu'Il nous transfère cette même autorité afin que nous l'exercions ! Sinon, comment peut-Il atteindre toutes les villes et tous les lieux où Lui-même doit aller?

2. Cette pensée est confortée par le mot grec qui traduit "*envoya*": 'Apostello'. Cela signifie « mettre à part » pour un service spécifique, envoyer un message par un porte-parole, envoyer en mission, équiper et mandater avec le soutien total et toute l'autorité de Celui qui envoie. Quand un croyant prend son autorité au nom de Jésus, le Seigneur veille

sur Sa parole pour l'accomplir parce que nous sommes réellement Ses porte-paroles et Il veut faire passer Son message ! **Le roi veut révéler Sa puissance et Son amour.**

3. Jésus ne fait jamais rien au hasard, et Son choix de soixante-dix disciples n'est pas arbitraire. En se basant sur la liste des nations en Genèse 10, les Juifs de l'époque croyaient qu'il y avait en tout soixante-dix nations païennes dans le monde. Il est fort probable que <u>pour Jésus, ce choix de 70 est un acte prophétique qui annonce l'évangélisation du monde païen par la puissance des signes et prodiges, par les guérisons et les délivrances !</u>

Aujourd'hui nous sommes invités à participer à Sa mission sans délai, parce qu'il y a urgence dans le coeur de Dieu. "*La moisson est grande mais il y a peu d'ouvriers*" (et surtout peu qui comprennent le pouvoir que le Seigneur leur délègue).

Alors, que devons-nous faire, nous qui avons compris ce message et qui sommes prêts à exprimer l'amour du roi par les actes de puissance? "***Priez donc le Maître de la moisson***". Toute 'révolution' spirituelle dans nos vies commence dans le lieu secret avec Dieu. C'est là où nous réalisons qu'Il est à jamais le Maître de la moisson, c'est-à-dire nous comprenons qu'Il sait comment moissonner, et qu'Il a tous les droits sur tout le monde ! Il suffit de l'écouter et de ne pas dévier du chemin qu'Il nous montre (versets 3+4).

Jésus appelle Ses disciples à cette vie de prière pour une autre raison très pratique également : se reposer dans Sa présence crée le repos à l'intérieur de nous. Nous ne pouvons pas dire "que la paix soit sur cette maison" si nous ne sommes pas remplis de paix ! Jésus dit bien (verset 6) « votre paix reposera sur lui ». Les vrais disciples sont tellement remplis de l'amour et de la puissance de Dieu que leur paix est tangible et transmissible ! **Nos paroles déclenchent la puissance divine pour guérir physiquement et spirituellement.** Quelqu'un en recherche de paix intérieure peut la rencontrer en nous, pourvu que nous demeurions en Lui ! Quel privilège !

Nous constatons aussi que Jésus ne sépare jamais l'annonce du Royaume ("le royaume de Dieu s'est approché de vous") de notre mandat de guérir les malades; les deux vont de paire. La guérison fait partie INTEGRANTE de l'annonce du royaume: « *Il les envoya prêcher le Royaume de Dieu et guérir les malades* » (Luc 9:2)*;* « *Dites : le Royaume des cieux est proche. Guérissez les malades, ressuscitez les morts...* » (Matt. 10:7/8); « *Prêchez la bonne nouvelle à toute la création...voici les miracles qui accompagneront ceux qui auront cru... ils imposeront les mains aux malades et les malades seront guéris* » (Marc 16: 15/18).

Ceci dit, n'oublions pas les conseils de Jésus aux versets 10+11 (Luc 10) : tout le monde ne va pas recevoir le message du Royaume **même confronté à des signes et prodiges !** La réponse des coeurs n'est pas de notre responsabilité, mais nous devons annoncer un Royaume de puissance et nous attendre à voir la confirmation de nos paroles ! Amen.

Questions :

1/ Selon Jésus, est-ce que Ses paroles seules suffisaient pour que les gens mettent leur foi en Dieu (Jean 10:37/38) ?
_____
_____
_____
_____

2/ Selon vous, pourquoi est-ce que "*tous étaient guéris*" par la première Église : Actes 5:16 ?

_____
_____
_____
_____

3/ Faites une liste des disciplines spirituelles que nous pouvons suivre afin de nous préparer à guérir les malades :

1.
_____
_____
_____
_____

2.

3.

4.

5.

6. _____
_____
_____
_____

7. _____
_____
_____
_____

La vision de Dieu pour l'Eglise et ce monde !

Nous allons considérer 3 paraboles de Jésus en Matthieu 13 : 24-43. D'abord, un mot sur le 'pourquoi' des paraboles. Parfois les disciples ne comprenaient pas pourquoi Jésus s'en servait autant ; ils avaient l'impression que Jésus cachait des vérités au lieu des les expliquer clairement (notez leur soulagement en Jean 16:29 !). Mais le CONTRAIRE est vrai : le but des paraboles était de *'publier des choses cachées depuis la création du monde.'* Dieu veut absolument révéler Ses secrets, mais la révélation est accordée à ceux qui cherchent, et **Dieu nous invite à une amitié extraordinaire où Il partage son cœur avec Ses amis**!

La parabole de l'ivraie et le bon grain est interprétée par Jésus Lui-même à la fin de notre passage, mais elle contient des principes que nous devons souligner d'emblée. D'abord, le monde est Son champ (v24). Non seulement Il l'a crée, mais Il l'a aussi racheté ! Il connait la fin depuis le début et rien n'est laissé au hasard, ni en termes globales, ni en ce qui concerne ta vie. Il est maître absolu et Son plan s'accomplira certainement : l'Eglise n'a vraiment pas à s'inquiéter, mais à célébrer deux victoires, la victoire de la croix, et notre victoire dans la guerre spirituelle qui fait rage. **Voici ta destinée : tu vas resplendir comme le**

soleil (v43) ! Puisque cela est le cas, commençons déjà à saisir notre héritage qui viendra sûrement.

Ensuite, nous voyons que nous sommes destinés à « croître ensemble » avec les fils du malin jusqu'à la moisson. Cela est clairement la volonté de Dieu pour nous. Si d'autres versets parlent d'une séparation des choses de ce monde (2 Cor.6 :17), c'est toujours dans le sens de ne pas imiter un comportement mondain ou de ne pas se lier à un non-croyant (dans le mariage ou le concubinage par exemple). Jésus est notre modèle en toutes choses, et Il était surnommé 'l'ami des pécheurs'. Dans Ses 3 ans ½ de ministère, Il a passé autant de temps avec les 'non-disciples' qu'avec Ses disciples…et (presque) tout le monde l'appréciait. Voici un des avertissements de cette parabole pour nous, l'Eglise : <u>se séparer des gens de ce monde peut être dangereux pour nous ! Il existe un danger réel d'être déracinés</u> (v29). Parfois, nous pensons que nous aurions plus de pureté intérieure en nous éloignant des non-croyants, mais cela n'est pas le cas : **Dieu nous purifie par ce que nous vivons parmi eux** ! Comment apprendre la patience si tout le monde est parfait autour de toi ?!! *La vie de Jésus nous montre l'équilibre à chercher : amitié profonde avec les disciples d'abord, amis des pécheurs ensuite*.

Ensuite, **le grain de sénevé** nous enseigne les principes suivants :

1. Par ce grain, les cieux envahissent la terre, puisque le sujet est le Royaume des Cieux. **La vision de Dieu a toujours été de reproduire sur terre ce qui existe dans le ciel.** Ce principe est vrai à tous les niveaux : voir Hébreux 8 :5.

2. Le message du Royaume qu'annonce l'Eglise est une semence qui contient la vie en elle-même. Notre rôle est de la semer fidèlement « *d'après le modèle qui t'a été montré sur la montagne* ». Autrement dit, si le message du Royaume dans la bouche de Jésus a été annoncé, accompagné par la puissance de l'Esprit, cela devient notre modèle. Quand notre annonce est accompagnée par des signes, notre message devient une semence dans les cœurs.

3. Le Royaume de Dieu deviendra de plus en plus visible dans ce monde à force d'être semé. L'image de l'arbre est tirée du livre de Daniel : voir 4 :21 et 7 :27. Dieu cherche ceux qui acceptent de semer avec la puissance de l'Esprit afin que Son plan s'accomplisse : les nations verront la gloire de Son Royaume sur terre.

4.
Le levain. Notons les points suivants. Maintenant le Royaume des cieux est semé par une femme. Je sais que toutes mes sœurs en sont déjà convaincues, mais elles ont le même appel sur leurs vies pour faire avancer le Royaume, et leur engagement est essentiel ! Plus sérieusement, il fallait saisir ce levain et travailler avec. Le Royaume demande un engagement physique de la part de l'Eglise. Ensuite nous voyons le fruit du Royaume à deux niveaux : d'abord, la femme elle-même aura à manger ! Il y a toujours une récompense pour tout notre travail avec le Seigneur. Mais le plus important de loin est le message prophétique pour l'Eglise : le levain du Royaume doit pénétrer toutes les couches de notre société ; l'Eglise ne pouvant pas se permettre d'être absente du terrain. **La vision de Dieu est celle d'une Eglise qui transforme Son monde !**

Votre analyse de la parabole de l'ivraie !

1/ Dans quel sens est-ce que ta vie est une bonne semence (v38)?
_____
_____
_____
_____

2/ Est-ce que tu penses que nous serons « enlevés » de ce monde avant les 'fils du malin'?
_____
_____
_____
_____

3/ Quelle est donc l'ultime vision de Dieu pour ce monde ?
_____
_____
_____
_____

Servir Dieu

1.- Qui est appelé à servir?

C'est un commandement de Dieu envers son peuple : Deut. 10-12
Nous sommes des collaborateurs de Dieu : 2 Cor 6 :1
Nous sommes tous appelés à imiter Jésus qui a été lui-même un serviteur pour son entourage et Les responsables sont aussi appelés à servir : Mat. 20 :28
Aussi bien celui qui exerce un ministère que celui qui sert les tables : Actes 6 :2

2.- Chacun est appelé à faire des choses différentes en fonction de ce qu'il a reçu :

En fonction de ses talents
En fonction des dons reçus : Rom 12 :4-8

3.- Motivation et soutien

Motivation : l'amour envers Dieu : Gal 5 :13 et envers les autres : Jean 21 :16
Service volontaire : 1 Thes 2 :8 et avec joie : Psaumes 40 :8

Force communiquée par Dieu : 1 Pierre 4 :11
Soutien de Dieu : Marc 16 : 20

4.- Quand commencer et quand s'arrêter ?

Il n'y a pas de limite d'âge dans la foi : les jeunes et les vieux, les jeunes et les anciens chrétiens aussi. Actes 20 :24, 1 Tim 4 :12 (service de Dieu par les jeunes).

5.- Comment servir Dieu ?

En nous servant des dons que nous avons reçus : 1 Pierre 4 :10 et 11
Par nos œuvres : Ephes 4 :12
En servant nos prochains (Ephes 6 :7) : en partageant les fardeaux des autres et en priant pour eux : Gal 6 :2 (groupes Rencontre, réunions de prière, intercession personnelle).
En faisant du bien aux autres

Se baigner dans Sa présence…nous transforme !

Lisons d'abord un verset époustouflant en Jean 3 :13. « *Personne n'est monté au ciel, si ce n'est Celui qui est descendu du ciel, le Fils de l'homme qui est dans le ciel.* » Est-ce que nous réalisons pleinement la vérité contenue dans ce verset ? Jésus se tient devant Nicodème, leur conversation se déroule probablement à Jérusalem (Jean2:23), mais Jésus lui dit « **Je suis dans le ciel** » !! Qu'est-ce que cela signifie sinon que Jésus vivait le ciel sur terre, qu'il était réellement dans la présence de Son Père et vivait les deux dimensions en même temps !! Encore mieux (si c'est possible !), Jésus dit « **je suis monté au ciel** ». Alors pour monter, il faut d'abord descendre n'est-ce pas ? Avant de naître sur terre, Jésus ne pouvait pas dire « je suis monté au ciel » parce que c'était tout simplement Sa demeure. Non, c'est une fois qu'Il est descendu sur terre qu'Il annonce : « Je suis monté au ciel ». Cela veut dire que par l'Esprit de Dieu, Jésus voyait l'invisible comme nous voyons le visible. Il 'montait' voir Son Père dans la prière, **Il se baignait en permanence dans Sa présence !** Si votre esprit est saisi par cette vérité, dites 'Alléluia' !!

Ciel et terre étaient réunis, et sont toujours réunis, en Jésus-Christ. Ciel et terre occupent le trône de Dieu aujourd'hui dans une seule et même personne…et Il vit en TOI par Son Esprit. Cela veut dire que ciel et terre sont réunis en toi ! Regarde maintenant la porte qui s'ouvre devant toi. Jésus a dit que personne n'est monté au ciel sauf Lui, mais Il le dit dans une conversation concernant la nouvelle naissance, dans laquelle Il annonce trois choses remarquables par rapport à ta vie et ce que tu peux vivre par le St Esprit :

1. V3 : par la nouvelle naissance, tu peux VOIR le royaume de Dieu. Les choses invisibles deviennent visibles par l'Esprit. Tu peux voir comme Jésus voyait !! C'est ton héritage de voir dans le ciel ! N'est-ce pas la promesse que Jésus a faite à Nathanaël? « ***En vérité, en vérité, <u>vous verrez désormais</u> le ciel ouvert et les anges de Dieu monter et descendre au-dessus du Fils de l'homme.*** » (Jean 1 :51). Désormais, tu verras dans le ciel !

2. V5 : par la nouvelle naissance, tu peux ENTRER dans le royaume de Dieu. Tu as une porte d'accès pour entrer dans le monde invisible, et cette porte est Jésus Christ. <u>Personne n'est monté avant Lui, mais maintenant TOUS PEUVENT MONTER !!!</u> **C'est l'héritage de tout chrétien de pouvoir dire 'Je suis au ciel'.** En se baignant dans Sa présence, nous apprenons à voir et à monter au ciel où nous sommes assis avec Christ dans les lieux célestes. Come on !

3. V8 : c'est notre héritage d'être transporté par l'Esprit de façon imprévisible ! Si nous cherchons l'Esprit, nous serons conduits partout par Lui, et autour de nous les gens ressentiront l'effet du vent divin ! Wow, quel appel, quel privilège !

Maintenant, un dernier encouragement fort avant d'aller se baigner ! 2 Cor.3 : 18 dit ceci : « *Nous tous qui, le visage découvert,* **contemplons** *comme dans un miroir la gloire du Seigneur,* nous sommes transformés en la même image, de gloire en gloire, par l'Esprit du Seigneur. » D'abord c'est à nous d'enlever le voile d'incrédulité qui peut aveugler nos cœurs (v15) en choisissant de nous approcher du Seigneur par la foi, croyant que le voile a déjà été déchiré et que nous avons libre accès à Sa présence. Ensuite nous devons contempler '**comme dans un miroir'** Sa gloire… Quel en est le sens ? **Quand nous voyons la gloire du Seigneur, nous voyons ce que nous allons devenir ! Nous voyons notre destinée, puisque nous serons transformés progressivement à Son image !!** Quand je vois Son image dans le miroir, je peux savoir qu'un jour je serai le reflet parfait de Son image. Oh alléluïa ! C'est le secret de la transformation chrétienne. C'est en le regardant que je suis transformé parce que c'est uniquement dans Sa présence que Sa gloire brille sur moi, comme c'était le cas pour Moïse. Même si **Moïse perdait progressivement cette gloire… Mais notre destinée, c'est d'être transformé de gloire en gloire, de plus en plus conforme à Son image** ! C'est trop beau, et nous serons trop beaux !!!!!!!!!!!!!!!!!!!!

Vous voulez être comme Christ dans ce monde ? Restez dans Sa présence, et vous amènerez le ciel sur terre.

Le Royaume de Dieu avance !

Il s'agit maintenant de poser plusieurs fondements concernant l'avance inévitable du Royaume de Dieu sur terre. Pour aider notre compréhension, nous allons définir le Royaume comme '**la manifestation du règne de Dieu**', c'est-à-dire que là où la volonté de Dieu se fait, là où nous voyons une démonstration de Sa présence, le Royaume se manifeste. A titre d'exemple, Jésus déclarait que « *si c'est par le doigt de Dieu que je chasse les démons, le Royaume de Dieu est donc venu vers vous.*» (Luc 11 :20).

Le mandat de faire avancer le Royaume a été délégué à l'homme dès le commencement, et se résume en 5 verbes : « *Soyez féconds, multipliez, remplissez la terre, assujettissez-là et dominez...* » (Gen.1 :28). Le premier Adam devait cultiver le jardin d'Eden, le paradis sur terre, le protéger, et faire en sorte que la terre entière devienne un paradis où la présence de Dieu demeure. Bien qu'il ait échoué, l'Ancien Testament est rempli de promesses concernant le Royaume qui avancera sûrement jusqu'au jour où ce mandat sera pleinement accompli : « *Je suis vivant, et la gloire de l'Eternel remplira toute la terre.* » (Nombres 14 :21), « *Car la terre sera remplie de la connaissance de la gloire de l'Eternel, comme le fond de la mer par les eaux qui le couvrent.* » (Habakuk 2 :14). Voir aussi Daniel 2 :44, 7 :27.

Dans le Nouveau Testament, nous découvrons que Christ est appelé « *le dernier Adam* » (1Cor.15 :45) dans le sens où il rachète le mandat que le premier Adam avait perdu, et c'est Lui qui fera en sorte que la gloire de Dieu remplisse la terre. <u>Mais Il ne le fera pas tout seul.</u> En tant qu'époux parfait, Il a déjà décidé de partager toutes choses avec Son épouse en devenir, et Il lui a déjà dit qu'elle est cohéritière avec Lui (Rom.8 :17). Pour que Son Eglise en soit convaincue, le Seigneur a même révélé la fin des choses, puisqu'Il est l'Alpha et l'Omega : « *Les royaumes de ce monde sont devenus le Royaume de notre Seigneur et de Son Christ et Il régnera aux siècles des siècles.* » (Apoc.11 :15).

Ainsi, Jésus va rester au ciel jusqu'à ce que l'Eglise ait accompli des choses remarquables ici-bas. Le verset des Psaumes le plus cité dans le Nouveau Testament est le Psaume 110 : 1 – « *Assieds-toi à ma droite <u>jusqu'à ce que</u> je fasse de tes ennemis ton marchepied* ». Jésus sera assis sur Son trône « **…jusqu'aux temps du rétablissement de toutes choses**, dont Dieu a parlé anciennement par la bouche de Ses saints prophètes. » (Actes 3 :21). Et nous découvrons ces versets remarquables en 1 Cor.15 : 24/25 : « *Ensuite viendra la fin, quand Il remettra le Royaume à Celui qui est Dieu et Père, après avoir réduit à l'impuissance toute domination, toute autorité et toute puissance.* **Car il faut qu'Il règne jusqu'à ce qu'Il ait mis tous Ses ennemis sous Ses pieds.** »

Nous n'imaginons pas encore la beauté, la royauté et l'autorité de l'Epouse de Christ qui sera révélée ! Mais nous devons comprendre COMMENT ces choses vont se produire, et notre dernier passage nous donne des indices : Matthieu 11 : 12-19. Jésus déclare que le Royaume des cieux est « forcé » et que les violents s'en emparent ! Que veut-Il dire ? En faisant référence à Jean-Baptiste et à Lui-même, Il constate que pratiquement tous se sont fait baptisés par Jean – sauf les religieux – et que des multitudes énormes Le suivaient afin d'entrer dans le Royaume. Pourquoi une telle réponse ? Parce que ce monde n'est pas attiré par ceux qui sont « vêtus d'habits précieux » (v8), ni par une religion qui cherche à amuser en jouant de la flûte (v17). Les gens ne veulent pas non plus une tradition morte (« *nous avons chanté des complaintes* »), ils vont suivre un peuple non-religieux et prophétique comme Jean qui n'avait pas peur de confronter les valeurs erronées de son époque. Et ils vont surtout suivre un peuple qui vit le miraculeux au quotidien, qui vainc leurs ennemis et qui font venir le ciel sur terre par la puissance du St Esprit !

- Dans quel sens est-ce qu'il faut être « violent » pour s'emparer du Royaume ?

_____
_____
_____
_____

- Faites une liste des choses que vous pouvez faire afin de faire avancer le Royaume :

_____
_____
_____
_____
_____

Oui, je veux morebooks!

i want morebooks!

Buy your books fast and straightforward online - at one of world's fastest growing online book stores! Environmentally sound due to Print-on-Demand technologies.

Buy your books online at
www.get-morebooks.com

Achetez vos livres en ligne, vite et bien, sur l'une des librairies en ligne les plus performantes au monde!
En protégeant nos ressources et notre environnement grâce à l'impression à la demande.

La librairie en ligne pour acheter plus vite
www.morebooks.fr

VDM Verlagsservicegesellschaft mbH
Heinrich-Böcking-Str. 6-8   Telefon: +49 681 3720 174   info@vdm-vsg.de
D - 66121 Saarbrücken   Telefax: +49 681 3720 1749   www.vdm-vsg.de

www.ingramcontent.com/pod-product-compliance
Lightning Source LLC
Chambersburg PA
CBHW020811160426
43192CB00006B/527

9 783841 698230